OBSERVATIONS IMPORTANTES

Sur le rapport fait au nom d'une Commission spéciale, le 2 Ventôse an 6, sur l'exercice et les effets de l'action en rescision pour cause de lésion, contre les ventes d'immeubles faites pendant la dépréciation du papier-monnaie.

IL était prudent, sans doute, de ne pas donner trop de latitude aux vendeurs, dans l'exercice de l'action en rescision. En remédiant à la spoliation dont ils ont été l'objet, il ne fallait pas leur permettre de devenir à leur tour les spoliateurs de la fortune de ceux à qui ils ont transmis leurs droits. Mais devait-on ne s'occuper uniquement que des intérêts des acquéreurs, et jetter dans le désespoir une foule de malheureux, que l'empire des circonstances a forcés de se dessaisir de leurs propriétés ? Non, sans doute, et l'on devait peut-être encore moins déverser sur eux l'espèce d'infâmie, qui résulte des couleurs que l'on a employées pour les peindre.

En s'occupant de détruire les impressions dé-

A

favorables, que le Conseil a dû prendre con-
tr'eux à la lecture du rapport, on essayera de
démontrer que les acquéreurs, pour la plupart,
ne méritaient pas les ménagemens que la Commission a gardés envers eux, et que les vendeurs devaient être traités avec plus d'égards.

Pour faire ressortir dans tout son jour la
vérité de cette première assertion, on va faire
le rapprochement de ce qui a été dit des uns et
des autres, dans le rapport de la Commission.

ACQUÉREURS.

Page 6, deuxième alinéa : « S'il est prouvé
» qu'en général les tableaux de dépréciation
» sont vicieux, serait-il convenable d'y sou-
» mettre le prix des ventes d'immeubles faites
» en assignats, et de rendre les acquéreurs
» victimes des écarts qui ont été commis dans
» la majeure partie des départemens » ?

Il importe de faire remarquer ici, une bien
grande erreur échappée à la Commission. Cette
observation de sa part vient après le tableau
comparatif de sept échelles différentes, d'où il
résulte que les assignats ont été forcés en valeur dans presque tous les départemens, com-
parativement avec l'échelle de Paris. Quel doit
être, cependant, l'effet naturel de ces diffé-

rences, si ce n'est une chance infiniment favo-
rable aux acquéreurs, puisque dans le cas où
l'on prendrait pour base de la lésion à établir,
la valeur des assignats stipulée dans les actes de
vente, réduits d'après les tableaux de dépréciation, il deviendrait d'autant plus difficile aux
vendeurs de prouver la lésion d'outre moitié.
Un autre avantage se présenterait encore pour
les acquéreurs, puisque dans le cas de la rescision et de l'abandon des immeubles de leur
part, il leur reviendrait une plus forte somme,
en remboursement des assignats par eux payés.
Comment donc a-t-on pu en tirer la conséquence contraire, en avançant que les acquéreurs deviendrait les victimes de ces forcemens
de valeurs ?

Page 7, premier alinéa : « Si l'on réduisait à
» l'échelle de dépréciation, le prix d'un im—
» meuble vendu en assignats, pour savoir s'il y
» a lésion dans la vente, on commettrait une
» grande injustice envers l'acquéreur. Il dirait
» avec raison, votre échelle a quatre bases,
» étrangères à ma position ».

La valeur des immeubles étant un des élémens
qui composent l'échelle, on devait croire que
toutes les fois qu'il aurait été question de statuer
sur le sort d'une transaction immobiliaire, l'é-

chelle en serait devenue le régulateur naturel, et il n'est personne qui ne s'y soit attendu. Car, enfin, si l'on admet un acquéreur d'immeubles à se faire un rempart du raisonnement que la Commission lui fait tenir, que répondrait-on à celui qui, ayant emprunté des assignats pour se procurer les denrées nécessaires à sa subsistance et à celle de sa famille, dirait à son créancier : « Votre échelle a quatre bases étrangères » à ma position ; le prix des immeubles sur-tout » y est entré, et comme je n'en ai point acquis, » il est injuste de m'y soumettre ? »

Page 7, même alinéa, la Commission fait parler ainsi un acquéreur : « Je ne suis point un » créancier, qui a placé son papier dans le » commerce pour l'agioter, et à qui on ne doit » que la valeur commerciale de ce papier. Je » suis un acquéreur honnête, un père de fa— » mille, à qui on a remboursé des sommes dues » en numéraire métallique, et qui les a replacées » avec perte en acquisitions de propriétés fon— » cières ».

Page 9, premier alinéa : « Il s'agit d'un point » de fait, qui est celui de savoir si la lésion » existe ; on nuirait nécessairement à l'acqué— » reur, si, pour éclairer ce point de fait, on

» estimait en numéraire, un immeuble qu'il a
» acheté en assignats ».

Page 10, dernier alinéa : « Prouvons d'abord
» que le mode d'estimation proposé, serait trop
» préjudiciable à l'acquéreur, et que l'on sacri-
» fierait ses intérêts à ceux du vendeur ».

Page 11, premier alinéa : « Si l'on remonte
» à 1790, pour estimer la valeur de l'immeuble
» vendu en 1793, on commet deux injustices
» envers l'acquéreur ».

Page 12, dernier alinéa : « Si cette réduction
» avait lieu d'après l'échelle, ne serait-ce pas
» trop faciliter la rescision de tous les contrats,
» au mépris des droits des acquéreurs? Ne
» serait-ce pas permettre au vendeur, qui peut-
» être s'est libéré envers ses créanciers, d'une
» manière très-avantageuse, de bénéficier en-
» core sur son acquéreur, qui peut-être avait
» employé dans cette acquisition le rembour-
» sement, en papier, de capitaux à lui dus en
» numéraire ».

Page 15, ligne 8 et suivantes : « Le vendeur
» a dû savoir l'emploi qu'il pouvait faire de ce
» prix qui lui a été payé comptant. Il n'a donc
» pu courir aucune chance funeste, tandis que
» l'acquéreur seul a couru celle de voir dimi-

» nuer la valeur de la propriété qu'il achetait par
» tous les fléaux attachés à une révolution ».

VENDEURS.

Après tant de raisonnemens multipliés en faveur des acquéreurs, on cherche ce qui aurait dû être dit à l'avantage des vendeurs ; mais c'est envain.

On a vu que dans ce qui précède, il n'est question d'eux que pour les mettre avec les acquéreurs, dans l'opposition la plus défavorable. On les présente comme pouvant bénéficier dans tel cas et comme n'ayant couru aucune chance funeste dans tel autre. Un seul passage du rapport leur est exclusivement consacré ; en voici le texte :

Page 2, dernier alinéa : « Il faut convenir
» qu'en général ceux qui ont vendu en assignats
» ne l'ont pas fait pour garder cette monnaie,
» mais pour améliorer leur fortune par des
» remboursemens de capitaux dus en numéraire,
» ou par des spéculations commerciales, ou, enfin, par des acquisitions de biens nationaux ».

Telle a donc été la manière de voir de la Commission ; qu'à ses yeux les acquéreurs ne sont que de malheureux créanciers remboursés en assignats, de sommes par eux prêtées en écus , et les vendeurs que de frauduleux débiteurs ou de vils agioteurs , ou.... ici l'on s'arrête , car enfin s'il est quelquelques propriétaires qui se soient dessaisis de leur patrimoine pour le remplacer en domaines nationaux , on ne peut que leur décerner un juste tribut d'éloges pour un acte de patriotisme aussi rare.

Il s'agit donc de démontrer , et rien ne sera plus facile , que généralement parlant , ni les uns ni les autres, ne devaient être considérés sous de tels rapports.

Il est de notoriété publique que l'immense majorité des acquéreurs, pendant le cours de la révolution, se compose d'étrangers neutres, tels que Hambourgeois, Suisses, Genevois, etc, qui se sont procurés par la voie du commerce d'énormes quantités d'assignats, qu'ils ont convertis en immeubles. D'agioteurs qui ont su s'arrêter à propos et réaliser en biens-fonds la masse de papier monnaie dont leurs portefeuilles étaient encombrés.

De ceux qui , ayant acquis des biens nationaux en 1791 , 1792 , 1793 et 1794 , et n'étant pas encore entrés en paiement , lors de la loi du 24 floréal de l'an 3 , se sont empressés de solder alors leurs acquisitions avec des valeurs

A 4

dépréciées, er de revendre ensuite pour se remplacer en biens patrimoniaux.

De ceux qui, profitant des immenses besoins du gouvernement, lui ont fait des fournitures qui leur ont produit un bénéfice scandaleux.

De principaux locataires de maisons et de fermiers de biens ruraux qui, profitant de la détresse des propriétaires, les ont déterminés, par des offres séduisantes en apparence, à des aliénations dont souvent ils ont soldé le prix avec une année de sous-locations, ou avec quelques sacs de bled.

De ceux qui, en acquérant des propriétés grévées de créances hypothécaires, *non remboursées par les vendeurs*, s'en sont libérés en assignats postérieusement à leur acquisition.

Et généralement de tous ceux qui ont su profiter des malheurs des tems, et qui, seuls pour ainsi dire, nagent dans l'opulence, après le naufrage presque universel des fortunes, qui en moins de deux ans ont vu rentrer dans leurs mains en revenus seulement, au-delà des sommes réelles par eux payées aux vendeurs, et qui, enfin, dans le cas de la rescision, n'ont aucune perte à essuyer, ni aucune chance à courir, puisqu'ils ne doivent aucun compte de ces sommes, en même temps qu'on leur rembourse celles qu'ils ont payées, et que s'ils ont fait des augmentations, on leur en doit le montant, si mieux ils n'aiment parfaire le juste prix et conserver l'immeuble.

Cette nomenclature doit suffire pour mettre le Corps-législatif à portée de reconnaître que les acquéreurs ne se composent pas seulement de créanciers remboursés ; et s'il était permis d'extraire leurs noms des actes translatifs de propriété, il est indubitable que l'on acquérerait la certitude que les dix-neuf vingtièmes des nouveaux propriétaires appartiennent aux classes que l'on vient d'établir.

Prouvons maintenant que les vendeurs de l'espèce de ceux que la Commission a divisés en trois parties, sont l'infiniment petit nombre des propriétaires qui se sont dessaisis.

On n'a pas pu oublier que jusqu'au 2 thermidor de l'an 3, les fermages des biens ruraux ont été payables en assignats, valeur nominale, et que jusqu'au premier vendémiaire de l'an 5, les loyers de maisons se sont acquittés de la même manière.

Qu'une infinité de propriétaires ainsi payés, ont été dans la nécessité de se défaire d'abord de leurs effets mobiliers, et bien-tôt après de leurs immeubles, seules et uniques ressources qu'ils eussent pour subsister eux et leur famille.

Qu'étrangers à ce qui se passait à la bourse et chez les notaires, la plupart d'entr'eux ignoraient et le cours du papier-monnaie et le véritable prix des immeubles. Que tel propriétaire qui vendait par besoin, croyant assurer son existence pendant six mois, voyait souvent, quinze jours après, disparaître son dernier assignat. Qui ne sait qu'une foule de jeunes gens, débarassés du frein de la tutelle, n'écoutant dans la fougue de l'âge, que la voix de leurs passions, que des revenus mal payés ne pouvaient satisfaire, ont cédé aveuglément aux premières propositions de l'homme avide, qui n'attendait que l'accomplissement de leur majorité pour spolier leur fortune ?

Combien de défenseurs de la patrie avant de rejoindre les armées se sont rendus aussi facilement aux sollicitations de la cupidité !

Combien ne s'en trouve-t-il pas encore parmi eux, dont les parens, pressés par le besoin, se sont dépouillés de leurs propriétés, et à qui il ne reste peut-être pour seul héritage que l'action en rescision qui leur est acquise contre les acquéreurs des biens de leurs pères !

Comment donc la Commission n'a-t-elle pu voir dans tous ceux qui ont vendu leurs propriétés, que des débiteurs de mauvaise foi et d'avides spéculateurs ? Et quand il serait vrai

que quelques vendeurs se fussent libérés de
capitaux dus en numéraire , serait-ce une
raison suffisante pour sacrifier les droits de tous
les autres , et pour les représenter indistincte-
ment sous d'odieuses couleurs ?

On doit se rappeler , d'ailleurs , que la loi
du 25 messidor de l'an 3 , a suspendu le
remboursement des créances antérieures au
premier janvier 1792 , et qu'en supposant que
des vendeurs, trois ou quatre mois avant cette
époque , eussent destiné leur prix de vente à
opérer des remboursemens de cette nature ,
il leur est devenu impossible de les effectuer ,
tandis que leurs acquéreurs ont conservé la
faculté de se libérer envers eux , d'où il suit que
ces vendeurs , indépendamment des pertes
qu'ils ont éprouvées par la différence énorme
entre les valeurs stipulées et celles reçues , sont
restés grévés de la totalité des créances , dont
on *suppose* qu'ils avaient eu l'intention de s'ac-
quitter. On ne remonte que de quelques mois
avant le 25 messidor an 3 , en parlant des pertes
essuyées par les vendeurs , mais il est constant
néanmoins , et la Commission en convient elle-
même, qu'il faudrait remonter avant le 12 nivôse
précédent , époque de la levée du *maximum* ,
puisque c'est à partir de ce jour que la dépréciation des assignats a fait des progrès telle-

ment rapides, que bientôt ont fut obligé de les retirer de la circulation.

Cette antériorité de plusieurs mois, donnée à ces deux époques, est fondée sur le temps nécessaire à l'obtention des lettres de ratification ; et encore plus sur la facilité de retarder le paiement d'un prix de vente par des oppositions souvent sans cause, facilité dont plus d'un acquéreur a profité pour opérer la ruine de son vendeur. On peut d'autant moins douter de cette assertion, qu'un membre de la Commission dans un autre rapport sur le nouveau régime des hypothèques, en a fait l'aveu lui-même : » Il résulte, dit-il, de la facilité » avec laquelle on reçoit les oppositions aux » hypothèques, que l'homme le plus solvable » est souvent exposé à plaider pendant long- » tems, avant d'obtenir la main-levée d'un » acte vexatoire qui arrête toute sa fortune » dans les mains d'un acquéreur ».

Page 16 du rapport sur les hypothèques du 27 pluviôse an 6.

A l'égard des propriétaires qui ont vendu pour se livrer à des spéculations commerciales, il est permis de croire qu'il en est peu qui se soient dépouillés de leurs immeubles, pour courir les chances du genre de commerce qui se faisait alors, et dont les résultats étaient si extraordinaires et si variés d'un jour à l'autre, que les véritables négocians n'opéraient eux-mêmes qu'en tremblant.

Quant à ceux bien plus rares encore, qui ont vendu leurs propriétés pour acquérir des biens nationaux, on n'a rien à ajouter, à ce qu'on en a dit plus haut.

On se flatte d'avoir démontré que les acquéreurs et les vendeurs devaient être considérés sous des rapports entièrement opposés à ceux sous lesquels la Commission les a envisagés; et comme c'est d'après la fausse idée qu'elle s'en est formée, qu'elle à constamment fait pencher la balance du côté des premiers, il est permis d'espérer quelques amendemens favorables à leurs malheureuses victimes. La justice et l'humanité les réclament.

La Commission propose l'estimation de la juste valeur de l'immeuble contre assignats au temps du contrat.

Examinons si les bases indiquées pour procéder à cette estimation, sont assez fixes pour donner, le plus possible, des moyens de rapprochement aux experts.

1°. L'état de l'immeuble.

2°. Son produit.

3°. La valeur contre assignats, qu'il avait alors dans la contrée.

Le tout au temps du contrat.

4°. Les facilités et avantages, résultans des termes accordés pour le paiement du prix de la vente.

Quelle latitude immense est laissée aux experts!

Un membre de la Commission, dans un autre rapport du 5 vendémiaire an 6, sur les transactions mobiliaires, disait, en réfutant l'opinion de ceux qui pensaient que le sort de ces transactions devait être réglé par des experts : « Et
» quels seront donc ces hommes que l'on vou-
» drait investir d'une confiance toute particu-
» lière, pour leur donner le droit de prononcer
» arbitrairement sur la fortune des Citoyens ?
» Seront-ils incorruptibles ? Ne partageront-ils
» jamais les passions des parties qui les auront
» choisis ? Seront-ils récusables comme débi-
» teurs ou créanciers ? »

Que l'on change ainsi la dernière question :
« Ne seront-ils ni acquéreurs opulens, ni ven-
» deurs ruinés » ? Et tout ce raisonnement s'applique également aux experts estimateurs des immeubles, vendus pendant le cours du papier-monnaie.

Supposons deux experts appelés à établir la juste valeur d'une maison louée par bail 10,000 l. vendue 300,000 l. en assignats, le premier germinal, an 3.

Voici le calcul inévitable de l'expert de l'acquéreur.

Ayant égard, dira - t - il, au produit de l'immeuble, je le multiplie par 30, et je trouve. . . . . 300,000 l.

J'ajoute un sixième, à cause de son état de nouvelle construction, ci. . . . . 50,000 l.

Je vois qu'une maison à-peu-près semblable a été vendue le même prix *quinze jours avant*, ci. . . . Mémoire.

Il a été accordé des termes pour le paiement du prix, mais le vendeur en a été indemnisé par les intérêts dont il lui a été tenu compte, ci. . . . . Mémoire.

TOTAL. . . . . . . 350,000 l.

Donc point de lésion.

Opération de l'Expert du Vendeur.

Ayant égard, dira-t-il, au produit de l'immeuble, j'estime qu'il doit être multiplié par 50. Je me fonde à cet égard, sur l'état des choses à cette époque, et notamment sur les lois des 10, 12 et 15 prairial de l'an 3, qui avaient ordonné la vente des biens nationaux, à raison de 75 et 150 fois le revenu. L'exécution en fut suspendue quatre jours après, et elles furent rapportées définitivement le 27 du même mois, parce qu'il fut démontré jusqu'à l'évidence, qu'il y aurait vilité de prix, et lésion énorme au préjudice de la Nation. Or, comme il y avait une différence de moitié, entre la valeur des assignats, en germinal, an 3, et celle qu'ils avaient en prairial, ma conscience me fait un devoir de prendre un terme moyen, et de multiplier le revenu comme je l'ai dit, ci . . . . . . 500,000 liv.

Ayant égard à l'état de nouvelle construction, j'estime que calcul fait du prix au tems du contrat, de tous les objets dont la maison est composée, matériaux, charpente, main-d'œuvre, etc., elle présentait alors une valeur de 800,000

J'examine quel a été le prix des immeubles de même nature dans la contrée, et je trouve que *quinze jours après*, une maison semblable a été vendue. . 726,000

Ces trois élémens réunis, donnent. 2,026,000

Dont le terme moyen est de. . . . . . . 675,333 l. 6 s. 8 d.

La Loi m'ordonne encore d'avoir égard aux avantages résultans des termes accordés pour le paiement du prix de la vente. Je vois que ce prix n'a été payé qu'à une époque où les assignats stipulés ne représentaient que 3,800 l. numéraire. Avec cette somme, on n'aurait eu, au jour du contrat, que 25,333 l. 6 s. 8 d. en assignats, la vente ayant été faite, moyennant 300,000 l. C'est donc un avantage de 274,666 l. 13 s. 4 d. résultant en faveur de l'acquéreur, et dont il doit compte au vendeur, qui en a été frustré, ci. . . . . 274,666 l. 13 s. 4 s.

TOTAL. . . . . .950,000 l. » s. » d.

Donc lésion de plus des deux tiers, et une différence de 600,000 livres entre les estimations des experts, qui peut-être auront eu raison tous les deux.

Un tiers devenant indispensable pour les départager, ne sera-t-il lui-même ni acquéreur ni vendeur ? Peut-on raisonnablement livrer à un seul homme le sort des parties, alors qu'il est le maître de se fixer à tel point qu'il voudra entre deux lignes aussi éloignées ? Disons donc que toutes les fois qu'il s'agit d'ordonner des expertises pour régler la fortune des citoyens, il doit être donné aux experts, des bases tellement fixes, que dans le cas où ils ne seraient point d'accord entr'eux, le tiers expert se trouve resserré par eux-mêmes dans des bornes extrèmement rapprochées.

L'estimation, telle qu'elle est proposée, est donc impraticable, puisque deux experts, sans compromettre ni leur conscience, ni leurs lumières, peuvent se tenir dans leurs opérations à une aussi grande distance l'un de l'autre.

Et comment pourraient-ils s'entendre, si, en, leur prescrivant de prendre quatre élémens en considération, on ne détermine pas en même-tems dans quelles proportions ils y auront égard ? Ces mots, *au tems du contrat*, peuvent seuls les empêcher de se concilier. Car, comme ce serait un phénomène, que le même jour et dans le même endroit on eût vendu deux immeubles de même nature, et semblables en tous points, il faudra nécessairement qu'ils remontent dans le passé, ou qu'ils pénétrent dans l'avenir, jusqu'à ce qu'ils trouvent un objet de comparaison, et l'on peut croire aisément, que loin d'aller ensemble dans cette recherche, ils marcheront en sens contraire, et s'éloigneront à perte de vue pour ne jamais se réunir.

Il faut donc de toute nécessité prendre une base invariable, et de laquelle les experts ne puisse s'écarter d'une manière sensible.

Cette base ne peut être que celle prescrite par l'article 3 de la loi du 16 nivôse, an 6, pour l'estimation des immeubles non encore payés. Et par la même raison que le vendeur, dans le cas de la rescision, ne doit compte à l'acquéreur des sommes qu'il en a reçues, que d'après l'échelle de dépréciation, on doit, par une conséquence nécessaire, considérer seulement comme le *prix réel et sérieux* de la vente, ces mêmes sommes ainsi réduites, et non pas la valeur idéale et fugitive stipulée dans les contrats.

Cette mesure commandée par la plus rigoureuse justice, est la seule qui puisse s'accorder avec l'esprit de la loi Romaine, *de Resc. vend.* à laquelle la Commission elle-même pense qu'il ne doit être fait aucune dérogation.

BRON.

De l'Imprimerie de RENAUDIERE, Place Michel, Maison Cluny, N°. 497.